Idealização e coordenação:
Natália Maccari

Glória-ao-Pai

Paulinas

Dados Internacionais de Catalogação na Publicação (CIP)
(Câmara Brasileira do Livro, SP, Brasil)

Maccari, Natália
  Glória ao Pai / Idealização e coordenação Natália Maccari ; [redação Suely Mendes Brazão ; ilustrações Jóta e Sany]. — 3. ed. — São Paulo : Paulinas, 2010. — (Coleção raio de luz)

  ISBN 978-85-356-2669-8

  1. Glória ao Pai 2. Literatura infantojuvenil 3. Orações I. Brazão, Suely Mendes. II. Jóta. III. Sany. IV. Título. V. Série

  10-05671   CDD-028.5

Índice para catálogo sistemático:
1. Glória ao Pai : Orações para crianças : Literatura infantojuvenil   028.5

Revisado conforme a nova ortografia.

1ª edição - 2010
3ª reimpressão - 2018

Direção de arte: Irma Cipriani
Revisão de texto: Mônica Guimarães Reis
Ilustrações: Jóta e Sany
Editoração: Reginaldo Barcellos Cunha

Nenhuma parte desta obra poderá ser reproduzida ou transmitida por qualquer forma e/ou quaisquer meios (eletrônico ou mecânico, incluindo fotocópia e gravação) ou arquivada em qualquer sistema ou banco de dados sem permissão escrita da Editora. Direitos reservados.

Paulinas
Rua Dona Inácia Uchoa, 62
04110-020 – São Paulo – SP (Brasil)
Tel.: (11) 2125-3500
http://www.paulinas.org.br – editora@paulinas.com.br
Telemarketing: 0800-7010081

© Pia Sociedade Filhas de São Paulo – São Paulo, 1998

■ A oração do Glória-ao-Pai

Glória-ao-Pai é uma oração de louvor ao nosso Deus, no seu grande mistério de um Deus em três pessoas: O Pai, o Filho, o Espírito Santo.

A Santíssima Trindade será sempre um mistério, algo que não podemos entender porque a nossa inteligência humana é limitada. Mas é também sempre a grande verdade de nossa religião que nós louvamos, adoramos e agradecemos. A oração Glória-ao-Pai é a manifestação do nosso carinho, do nosso amor para com Deus que é Pai, Filho, Espírito Santo.

■ Glória

A pessoa que tem glória é uma pessoa de quem todo mundo fala porque fez coisas boas, bonitas, importantes.

Assim é o nosso Deus; ele é glorioso, fez coisas fantásticas para nós, mas, ao mesmo tempo, é um Deus bom, pai, amigo e companheiro. Por isso nós queremos louvar, agradecer, cantar: Glória, glória, glória ao nosso Deus.

Ligue as ilustrações com os respectivos nomes.

Pai

Filho

Espírito Santo

a) Por que o Pai é conhecido por este símbolo?
_____

b) Qual o significado do símbolo usado pelo Filho?
_____

c) Qual é o símbolo do Espírito Santo? Por quê?
_____

d) Você conhece algum símbolo da Trindade? Qual?
_____

■ ao Pai,

O Pai é a primeira pessoa da Santíssima Trindade. E tudo o que ele faz, o faz porque nos ama. Ele, com sabedoria e poder, nos enviou o Filho. O Filho, que é Jesus, viveu entre nós e nos falou do Pai, que é o seu Pai e o nosso Pai.

Que bom seria se todos os pais terrenos, mesmo com suas preocupações, com seus trabalhos, com suas ocupações, refletissem a imagem de Deus como Pai!

Ligue os pontos e descubra a bela figura que você construiu.

■ ao Filho,

O Filho é a segunda pessoa da Santíssima Trindade.

Ele é a manifestação, o retrato do Pai. O Pai se revela, se dá a conhecer através dele.

O Pai enviou o seu Filho único para viver entre nós. Ele veio ao mundo, nasceu criancinha como todos nós para ensinar a nós, filhos adotivos, que Deus é também nosso Pai, e nos ensinou o caminho para chegar até ele.

Vamos preencher o diagrama com o nome das figuras abaixo.

■ e ao Espírito Santo.

O Espírito Santo é a terceira pessoa da Santíssima Trindade.

Deus Pai ama o seu Filho e por ele é amado com um amor tão grande que nós nem somos capazes de imaginar; esse amor é o Espírito Santo, que foi enviado para ficar conosco todos os dias de nossa vida.

O amor é o sentido da vida. Quem não tem amor é infeliz. O que é feito sem amor nada vale.

Quanto mais nós vivermos no Espírito Santo mais seremos felizes e mais viveremos no amor.

Associe os desenhos que aparecem na primeira coluna com as palavras da segunda que lhes sejam correspondentes.

Terceira pessoa da Santíssima Trindade

Sem amor a vida não tem sentido

Onde se encontra a vida e os ensinamentos de Jesus

O grande mistério da Trindade

A vitória da vida de Jesus

■ Assim como era no princípio,

No princípio, era só júbilo, esplendor, felicidade, alegria. No Universo tudo era ordem, maravilha, beleza. Tudo era um hino de glória ao Senhor.

Deus criou o mundo com todas essas coisas belas que existem na natureza para que nós participássemos das suas maravilhas. Por isso, toda a criação, ao mesmo tempo que é um bem para nós, é um canto de louvor, de exaltação, de agradecimento ao nosso Deus.

Pinte este desenho de várias cores e você terá um bonito vitral.

■ agora

Nossa vida é uma expressão de louvor, um agradecimento contínuo à bondade, ao amor, à grandeza de nosso Deus.

O canto dos pássaros, a beleza das flores e das cascatas, o murmúrio dos ventos, a criatividade das pessoas são, a cada instante, uma grande liturgia, uma grande celebração de louvor e ação de graças ao Senhor.

Mas, muitas vezes, nós nos perguntamos: Por que há tanta miséria, poluição, desordens e tantas mortes, se Deus fez tudo tão lindo para nós?

Encontre sete diferenças.

■ e sempre.

Passam-se dias, anos, séculos, e toda a natureza, comandada pelo ser humano, segue a sua luta para continuar bela, limpa, ordenada, majestosa, digna de Deus, seu Criador.

Deus, nosso Pai, colocou o mundo, a natureza, a sociedade em nossas mãos para que nós fizéssemos dela, cada vez mais, um jardim de delícias, uma sociedade de irmãos. A natureza é um presente de Deus para nós e compete a nós cuidar dela.

Descubra, neste caça-palavras, a primeira frase desta oração: Glória ao Pai, ao Filho e ao Espírito Santo.

G	O	L	E	I	A	R	T	I	X	Y	K	J
W	B	A	R	U	L	H	O	J	O	T	A	I
P	E	G	L	Ó	R	I	A	T	I	R	S	O
C	Z	U	V	T	P	E	T	E	R	S	O	N
M	Á	T	I	A	A	O	F	P	A	I	L	B
C	A	R	L	O	S	I	A	N	T	E	V	Y
S	A	O	P	F	I	L	H	O	H	S	Z	I
J	E	A	N	H	O	T	Á	V	I	O	X	U
B	E	A	O	K	E	S	P	Í	R	I	T	O
E	N	R	I	Q	U	E	I	T	U	R	M	A
K	O	V	E	Z	T	U	J	A	R	B	A	S
W	B	S	A	N	T	O	S	A	N	Y	J	V
I	C	M	A	R	I	A	N	I	A	O	U	T

■ Amém.

A palavra "Amém" quer dizer: "isso mesmo", "assim seja", "estou de acordo", "eu acredito".

Geralmente está no fim de todas as orações que fazemos a Deus e aos santos para afirmar que nós concordamos com tudo o que foi dito.

No fim da oração do Glória-ao-Pai nós queremos dizer: "muito bem", "é isso mesmo". Vamos dar glória ao nosso Deus que é Pai, que é Filho, e que é Espírito Santo.

Relacione as palavras e expressões da coluna da esquerda com as que aparecem na coluna da direita, conforme seu sentido.

1. Oração
2. Concordo, é isso mesmo, assim seja
3. Uma oração de louvor, de ação de graças
4. Pai
5. Segunda pessoa da Santíssima Trindade
6. Espírito Santo
7. Grande mistério da religião cristã

( ) Amém
( ) Primeira pessoa da Santíssima Trindade
( ) Glória-ao-Pai
( ) Terceira pessoa da Santíssima Trindade
( ) Filho
( ) Santíssima Trindade
( ) Um modo de louvar, agradecer, exaltar a Deus

Faça a sua oração e copie dentro desta moldura.

Complete as seguintes frases do Glória-ao-Pai.

Glória ao............................., ao.............................e ao .... Assim................................... ....agora e................................ Amém.

■ Para você recordar

Glória-ao-Pai

Glória ao Pai, ao Filho e ao Espírito Santo. Assim como era no princípio, agora e sempre. Amém.

■ Bate-papo final

Se você leu com atenção as explicações desta oração, deu-se conta que é uma oração pequena, mas muito linda e cheia de conteúdo. Não importa se a gente não compreende o sentido deste mistério, porque, mesmo sem entender, nós estamos louvando e glorificando nosso Deus que é Pai, Filho e Espírito Santo. Rezando esta oração nós manifestamos nosso amor e gratidão a Deus e nos colocamos na sua proteção. É bom estarmos sempre com o nosso Deus, agradecendo porque ele é Pai, aprendendo com o Filho o caminho que leva a ele e vivendo no amor do seu Espírito.

A oração Glória-ao-Pai é muito antiga, pois desde o início do cristianismo os cristãos sentiam necessidade de louvar, cantar, proclamar e exaltar a Santíssima Trindade.